Made in the USA
Monee, IL
19 December 2021

85914657R00068